Karl Rahner

Das Geheimnis der Weihnacht

verstehen und feiern

TeDeum.wissen

Seid stets bereit jedem Rede und Antwort zu stehen,
der nach der Hoffnung fragt, die euch erfüllt.
1 Petr 3,15

Karl Rahner

Das Geheimnis der Weihnacht

verstehen und feiern

VERLAG KATHOLISCHES BIBELWERK Stuttgart
ars liturgica BUCH- & KUNSTVERLAG Maria Laach

Gott ist Mensch geworden

Vorwort

Diese Weihnachtsmeditationen wollen theologisches Nachdenken nicht umgehen. Sie wollen zunächst in einer legitimen „Christologie von unten" zu sagen versuchen, was wir unter „Weihnachten" als Geburt Jesu glaubend zu denken haben, wenn wir diesen Anfang vom Leben Jesu her sehen. Sie wollen weiter Weihnachten vom Tod und der Auferstehung Jesu her bedenken, weil erst eigentlich das „Ende" den „Anfang" offenbart. Diese Meditationen wollen auch das Recht der traditionellen und kirchenlehramtlichen Theologie von Weihnachten als der Ankunft des ewigen Logos Gottes in unserer Geschichte nicht verschweigen oder verdunkeln. Schließlich wollen sie etwas zu sagen versuchen von dem Weihnachten, das wir selbst im Vollzug unserer eigenen Existenz begehen.

Diese Meditationen wurden im Dezember 1974 in der Katholischen Akademie von Freiburg vorgetragen. Sie sind hier für den Druck nur ganz leicht überarbeitet. Ursprünglich nicht für eine Veröffentlichung gedacht, erscheinen sie hier nur gedruckt wegen des freundlichen Drängens von Herrn Franz

Johna im Verlag Herder. Bei der Vorbereitung der Meditationen für den Vortrag hatte es der Verfasser für legitim und verständlich gehalten, auf eigene gedruckte Formulierungen an einigen Stellen der Meditationen zurückzugreifen. Es handelt sich dabei um Texte, die er in dem Buch: Karl Rahner – Wilhelm Thüsing „Christologie – systematisch und exegetisch" (Freiburg i.Br. 1972) und in „Glaube, der die Erde liebt" (Freiburg i.Br. 1971) veröffentlicht hatte, die aber hier in einen ganz neuen Zusammenhang eingegliedert sind. Es schien dem Verfasser sinnlos, diesen Rückgriff durch einen Text zu ersetzen oder zu verschleiern, in dem dasselbe mit anderen Worten gesagt worden wäre.

MÜNCHEN, JUNI 1975 KARL RAHNER

Einführung

Weihnachten rückt näher. Wenn wir ehrlich und nüchtern sind, werden wir uns eingestehen, daß wir als Menschen und Christen diesem im Lauf jedes Jahres unerbittlich auf uns zukommenden Fest mit gemischten Gefühlen entgegengehen. Wir fürchten als *Menschen* den weihnachtlichen Betrieb, den Weihnachtsrummel mit den kitschigen Weihnachtsdekorationen und dem dahinterstehenden Konsumzwang, mit dem Zwang, zu schenken und sich beschenken zu lassen, mit all der bürgerlichen Sentimentalität, die uns durch ein Jahrhunderte altes Herkommen und nicht eigentlich durch die Kirche, ihre Lehre und Liturgie aufgedrängt wird. Als *Christen* sagen wir etwas erschrocken und verlegen, ob und warum gerade in diesen Tagen das weihnachtliche Mysterium des Glaubens, das, wenn überhaupt, unser ganzes Leben in seinem nüchternen Alltag durchwalten müßte, deutlicher im Vordergrund unseres Lebens und unseres Bewußtseins sich melden solle, ob und warum wir gerade an Weihnachten – Weihnachten feiern können und sollen. Ist Weihnachten uns als Menschen und Christen nicht eher zu einer Last gewor-

den? Bringen wir es fertig, wirklich von Herzen in innerer Anteilnahme Weihnachten zu feiern?
In diesen Meditationen sollen nun nicht eine Kritik oder eine positive Anweisung zur Feier des bürgerlichen und menschlichen Weihnachtsfestes unternommen werden, dem sein eigenes Recht, so wir solches Fest von Herzen feiern können, nicht abgestritten werden soll. Die Meditation gilt vielmehr ausschließlich dem Mysterium des Glaubens, das dieses Fest verkündet, das in ihm begangen und in die Mitte unseres Herzens, unserer Existenz in immer neuem Bemühen aufgenommen werden soll, damit nicht bloß die Kirche in ihrer amtlichen Liturgie und nicht bloß die bürgerliche Gesellschaft mit ihrem Betrieb dieser Tage Weihnachten feiern.
Es muß vielleicht zu Beginn solcher Meditationen ausdrücklich, fast wie in einer Warnung, gesagt werden, daß eine solche Meditation unvermeidlicherweise eine Einheit von eigentlicher und verbindlicher Glaubensaussage, von theologischer Überlegung auf eigene Rechnung und Gefahr ohne den Anspruch, mehr als eine angebotene Meinung zu sein, von dem schüchternen Versuch, über bloße theoretische Ein-

sicht hinaus einen Zugang zum Herzen des Hörers zu finden, sein muß. Diese drei Aspekte einer Meditation lassen sich nicht voneinander trennen.

Wirkliche „Erbauung", die mehr ist als Erweckung frommer Rührung und ein Analgetikum für die Bitterkeiten des Lebens, kann nur geschehen in der Verkündigung des Glaubens. Diese aber fordert schon in sich selbst, weil Anruf an den ganzen Menschen in all seinen Dimensionen, auch die Anstrengung des Denkens, die nüchterne Geduld des Hörens und des Überlegens. Verkündigung kann überdies, will sie beim konkreten Menschen in der geschichtlich bedingten Situation seiner jeweiligen Erfahrung und seines Lebens ankommen, der theologischen Überlegung trotz deren Unterschiedes vom eigentlichen Glauben (als Inhalt und Vollzug) nicht entraten. Der Leser ist darum gebeten, die Einheit dieser drei Elemente einer solchen Meditation in deren Unterschiedenheit zu beachten, auch wenn er nicht eigens in jeder ihrer Etappen auf den Unterschied dieser drei Aspekte und damit auf die Verschiedenheit des Hörens und Aufnehmens dieser drei Elemente je nach deren jeweiliger Eigenart aufmerksam gemacht wird.

Die Macht der Geburt

Von woher können wir einen Zugang für uns hier und heute zum Mysterium von Weihnachten finden? Das ist die erste Frage, die wir uns zu stellen haben. Auf diese Frage soll (um auf das Ganze dieser Meditation vorauszublicken) in einer doppelten Weise geantwortet werden, auch wenn die beiden angezielten Aspekte von der Sache her immer wieder ineinander übergehen. Wir finden einen Zugang zum Mysterium von Weihnachten, wenn wir von der Erfahrung des wirklichen Lebens, wenn wir (um es einmal so zu sagen) „von unten her" kommen. Dabei ist dieses Leben da unten, wo wir sind und uns zunächst selber erfahren, sowohl als unser eigenes Leben wie als das Jesu selber gemeint, so daß dieser erste Zugang sowohl anthropologisch wie in Einheit damit auch aszendenzchristologisch gemeint ist, wenn man die nüchterne und bescheidene Absicht dieser ersten Antwort einmal so fachtheologisch und anspruchsvoll charakterisieren will. Die zweite Antwort, die die erste inhaltlich konkretisiert, lautet: Der Zugang zu Weihnachten ist vom Kreuz und vom Ostern Jesu her zu suchen und zu finden. Der Anfang enthüllt sich vom Ende her, und letztlich nur so; der Anfang ist der Anfang des Endes. Nach dieser doppelten Antwort soll vom bleibenden Recht der christlich-traditionellen Deutung des Weihnachtsmysteriums als des Abstiegs Gottes in die Geschichte der Welt und des Menschen, von der Epiphanie Gottes in seiner eigenen Herrlichkeit bei uns gesprochen werden. Und schließlich soll in einem vierten Gang dieser Meditation noch einmal ausdrücklich von Weihnachten in uns heute und so von dem existentiellen Mitvollzug des Weihnachtsmysteriums in Glaube, Hoffnung und Liebe durch uns selbst gehandelt werden. Damit ist wohl in einer zunächst genügenden Weise im voraus die Abfolge der einzelnen Überlegungen dieser Meditation angedeutet.

Erfahrung mit Jesus – Erfahrung mit uns selbst

Wir müssen zuerst bedenken und sagen, daß wir uns heute einen Zugang zum Weihnachtsmysterium von dem Leben her bahnen müssen, das unseres und damit das Jesu (bei all seiner Einmaligkeit und Unterschiedenheit von unserem Leben) ist. Was ist damit gemeint? Die Kirche hat natürlich den hier angezielten Weg immer durchlaufen, angefangen von der ersten Erfahrung, die die ersten Jünger mit Jesus machten, über die Christologien des Neuen Testamentes bis in die durch die christologischen Konzilien von Ephesus und Chalkedon im 5. Jahrhundert und in der auf diesen Konzilien basierenden und sie kirchenlehramtlich nicht mehr wesentlich überbietenden dogmatischen späteren Lehrverkündigung. Aber, etwas grob und vereinfachend gesprochen: man hat diesen Weg als gewissermaßen ein für allemal schon durchlaufen empfunden, und so setzt die traditionelle Weihnachtspredigt nicht zuerst mit diesem leisen und vorsichtigen Präludium an, sondern verkündigt sofort mit vollem Orgelklang an Weihnachten den Abstieg des ewigen Sohnes des Vaters aus seiner ewigen, aller Geschichte präexistenten Herrlichkeit in die Welt, in die Geschichte, in unser „Fleisch". Gott ist Mensch geworden und hat unter uns gewohnt, das ist üblicherweise das erste Wort an Weihnachten. Und selbst wenn wir an Weihnachten „deszendenzchristologisch" sofort predigen würden vom gekreuzigten Gott, davon, daß der ewige Gott in die Ausweglosigkeiten unseres Fleisches, unserer Geschichte, der Finsternis unseres Todes hinabgestiegen sei, würden wir, so will uns scheinen, die Schwierigkeit und Verlegenheit des Wortes vom Abstieg und der Menschwerdung Gottes noch nicht vermieden haben. Dieses Wort macht uns heute, wenn wir es als erstes hören, doch irgendwie verlegen, es klingt uns, wenn wir gleichzeitig uns selbst und dieses Wort ernst nehmen, schwer verständlich. Was soll es eigentlich bedeuten, wenn wir sagen: das ewige Wort, in dem sich der ewige Gott, Vater genannt, von Ewigkeit für sich selbst aussagt und bei sich ist, ist Mensch geworden, er, der der alles durchwaltende, alles in seine Unterschiede setzende und zusammenhaltende Urgrund jener unvorstellbar großen Welt der Materie, des Lebens und des Geistes ist, wie wir sie heute als immer noch werdende wissen? Ist dieser Gott nicht zugleich allem und jedem zu nahe und zu fern, als daß man fast wie in einer griechischen Mythologie ihn sich denken könnte als in der Gestalt eines Menschen auf dem kleinen, verlorenen Planeten umherwandelnd, den wir unsere Erde nennen? Und selbst wenn wir – letztlich gegen

das richtig verstandene Dogma des Christentums, aber fast unwillkürlich – mit diesem Gott in der Livrée eines Menschen uns einverstanden erklären würden, was kann uns diese Vorstellung in der bitteren Nüchternheit unseres alltäglichen Lebens nützen, wenn dieser Auftritt Gottes in irgendeinem kleinen Winkel von Raum und Zeit der kleinen Geschichte, die wir hochtrabend Weltgeschichte nennen, schon längst wieder vergangen und dieser Gott schon längst wieder in seine ferne, schweigende Unbegreiflichkeit verschwunden ist?
Und schließlich und zuerst: wir müssen, soll die Botschaft von Weihnachten wirklich richtig verstanden werden und bei uns wirklich „ankommen", da anfangen, wo diese Heils- und Glaubensgeschichte wirklich angefangen hat: bei der Erfahrung, die die Menschen in der Umgebung Jesu mit diesem Jesus konkret gemacht haben und in die sie, um diese Erfahrung zu machen, die eigene Erfahrung mit sich selbst als Menschen eingebracht haben. Diese Menschen erfuhren ja zunächst einmal nicht Gott oder einen Gott in der Gestalt eines Menschen, durch die der Glanz der Gottheit überwältigend von vorn-

herein durchbrach. Sie erfuhren einen Menschen, wie sie selbst waren, einen Menschen mit menschlichem Anfang, mit geschichtlicher Bedingtheit, mit einem gewöhnlichen, unerbittlich auf den Tod hin strebenden Leben, einen Menschen, der ihre Sprache sprach, seine gesellschaftliche und religiöse Situation im Grunde doch unbefangen und selbstverständlich hinnahm, der wie alle Menschen seiner Umgebung empfand und lebte, in seiner religiösen Verkündigung aus den religiösen Vorstellungshorizonten seiner Zeit, mit deren Begriffen und Bildern sprach, der redete und schwieg, sich freute und weinte, lebte und starb, den man Rabbi titulierte, dem man um den Hals fallen konnte, dessen Eigenarten man als unsympathisch und unverständlich empfinden konnte, von dessen Worten man durchaus nicht von vornherein und immer den Eindruck haben mußte, es seien Worte, die aller anderen Weisheit der Menschen göttlich überlegen sind. Und daß dieses Leben im Tode endete, der nicht nur die endgültige Katastrophe seines physischen Lebens, sondern auch das enttäuschend leere Scheitern der Sendung war, die er für sich in Anspruch nahm, das war auch nur der Schlußstrich unter eine Erfahrung, daß hier ein Mensch gelebt hatte mit der antwortlosen Fraglichkeit des Menschen.

Jesus war ein Mensch, ein wahrer Mensch ohne Abstrich oder allzu raschen Vorbehalt, ein Mensch wie wir. Und alles, was wir an ihm zunächst einmal erfahren konnten, erlaubt und bestätigt, daß wir ihn von der Erfahrung her interpretieren und verstehen dürfen, die wir mit uns selber machen, mit uns, den armen, geschundenen, ratlosen, sterbenden Menschen, so daß es von vorneherein klar sein darf, daß er, wenn überhaupt, für uns nur so eine Antwort sein kann auf die Frage und Fragwürdigkeit, die wir selber sind, wobei freilich, was ja schließlich auch wieder selbstverständlich ist, gleich hinzugefügt werden muß, daß wir nicht selbstherrlich und verzweifelt zugleich die Frage, die wir sind und die wir an ihn herantragen, verkürzen dürfen, daß wir uns als Frage in seiner Befragung annehmen müssen in der Weise und Radikalität, wie sie wirklich ist, als Frage nach jenem Geheimnis, das wir Gott nennen, als Frage unbetäubter Verzweiflung und radikaler Hoffnung in einem.

Die Geburt, Anfang einer Geschichte

Bevor wir von diesem Punkte aus weiterfragen und weitermeditieren, muß ein Zwischenergebnis noch ausdrücklicher formuliert werden: Weihnachten muß, soll es für uns verständlich werden, bei der Erfahrung von Jesus als einem wahren Menschen ansetzen, bei der Erfahrung von unten her, bei der Erfahrung von dem Menschen Jesus, in die als Inhalt und Kriterium auch die Erfahrung eingebracht werden muß, die wir mit uns selber machen. Die Botschaft von Weihnachten ist zunächst einmal die Botschaft von der Geburt, dem Anfang eines Menschen. Von Jesu *Leben* und Sterben her als dem Schicksal eines, natürlich eines ganz bestimmten Menschen muß sein Anfang, seine Geburt verstanden werden. Insofern dieses seine Geburt offenbarende Leben und Sterben von der Eigentümlichkeit seines in die Endgültigkeit der rettenden Liebe Gottes hineinsterbenden Todes, von der Eigentümlichkeit seines geretteten Todes, den wir Auferstehung nennen, erst verstanden werden kann, ist die Eigentümlichkeit und der letzte Sinn seiner Geburt auch erst durch seinen Tod und seine Auferstehung offenbar. Aber von dieser Wesens- und Sinnbestimmung seiner Geburt von seinem Tod und seiner Auferstehung (diese richtig verstanden) her muß noch ausdrücklich im nächsten Gang dieser Meditation gesprochen werden. Hier in diesem ersten Gang soll zunächst, wenn auch vorläufig und unter dem Vorbehalt des zweiten Ganges, davon gesprochen werden, welche Wesensbestimmung seine Geburt erhält, wenn sie von seinem Leben im allgemeinen her gesehen wird.

Bei diesem Versuch machen wir berechtigterweise eine doppelte Voraussetzung: eine menschliche und eine theologische. Schon menschlich gesehen erfahren wir immer wieder die Wahrheit des Satzes bei Hölderlin: Das meiste aber vermag die Geburt. Natürlich ist ein menschliches Leben die Geschichte einer Freiheit, die kreativ ein Leben gestaltet und nicht nur die zwangshafte Auseinanderlegung dessen, womit ein Mensch sein Leben antritt. Es ist auch nicht bloß die mit physikalischer Notwendigkeit geschehende Explikation der biologischen, gesellschaftlichen, geschichtlichen Voraussetzungen, die einer Individualgeschichte innerlich und äußerlich vorgegeben sind. Aber kreatürliche Freiheit handelt aus einer vorgegebenen, gesetzten und endlichen inneren und äußeren Situation heraus, die sich im ganzen Leben durchhält, gleichgültig, wie sich die Freiheit in Annahme oder Protest dazu verhält, was sie aus dieser Situation, dem Gesetz, nach dem die Freiheit angetreten ist, macht. Und darum enthüllt auch eine Freiheitsgeschichte den vorgegebenen Anfang, kann man aus dem Leben und seiner Vollendung den Anfang erkennen.

Das gilt um so mehr, wenn wir nicht nur die menschliche, sondern auch die theologische Voraussetzung bedenken, auf die es hier ankommt: das ganze menschliche Leben ist, unbeschadet seiner Freiheit, umfaßt und getragen von dem Wissen und Willen Gottes, der den Anfang aus seinem eigenen Willen zum Ende und zur Vollendung verfügt und setzt. Da ein Leben und seine Vollendung enthüllen, was der Anfang schon in sich barg, offenbaren Leben und Vollendung den von Gott gewollten Anfang als von Gott gewollten und von ihm auf dieses ganz konkrete Ende hin bestimmten, enthüllen den Plan Gottes über dieses Leben, der überdies nicht nur eine über diesem Leben gleichsam bloß in den Gedanken Gottes schwebende Bestimmung, sondern die innere reale Eigentümlichkeit dieses Anfangs ist. Leben und Ende sagen den Anfang aus, wie er als gottgeplanter und gottgewollter gesetzt ist.

Die Christenheit hat vom Neuen Testament aus darum mit Recht in ihrer Erfahrung des Lebens und der Vollendung Jesu auf seinen Anfang, seine Zeugung und Geburt zurückgeschlossen, hat seine Geburt als die dessen erkannt, als den er sich in seinem Leben offenbarte. Die Legitimität dieses Rückblicks aus dem Leben auf dessen Anfang wird auch dadurch nicht desavouiert, daß im Neuen Testament (was in der späteren Christologie mehr oder weniger verlorengegangen ist) andere Ereignisse im Leben Jesu, die den ganzen und ursprünglichen Sinn seines ganzen Lebens für uns in besonderer Weise in Erscheinung treten lassen, als eine Art von „Geburtsstunden“ dessen verstanden werden, was Jesus endgültig ist; so werden zum Beispiel seine Taufe oder seine Auferstehung mit seiner Gottessohnschaft ursächlich in Verbindung gebracht.

In solchen Aussagen liegt nicht nur eine in sich unschuldige Vereinfachung vor, in der die Geschichte seiner Wirklichkeit an sich und die Geschichte unserer Erkenntnis eben dieser Wirklichkeit in eins zusammengelegt werden. Diese Aussagen sind auch darum legitim, heben aber auch die Berechtigung des Rückblicks bis zum Anfang vom Leben her nicht auf, weil selbstverständlich ein solcher Anfang nicht als eine statische Größe für sich allein verstanden werden darf, sondern als Anfang einer werdenden Geschichte als solcher, die von vornherein auf jene Punkte hin angelegt ist, an denen sie sich in besonderer Weise offenbart, so daß der Wille Gottes auf den Anfang hin schon immer ein Moment seines Willens zum ganzen Leben und zu dessen hervorragenden Ereignissen war.

Was sagt uns das Leben Jesu von seiner Geburt?

Was läßt sich nun von diesem Anfang, von der Geburt Jesu sagen, wenn diese Geburt einerseits von seinem Leben her gesehen und verstanden wird und anderseits doch noch nicht ausdrücklich von Jesu Tod und Auferstehung her interpretiert werden soll, was erst das Thema des nächsten Ganges unserer Meditation ist? Was sagt uns sein Leben von seiner Geburt, wenn diese Frage unter der doppelten Voraussetzung gestellt wird, die wir schon genannt haben?

Um diese Frage zu beantworten, müssen wir natürlich zunächst die Frage stellen, was sein Leben (zu dem natürlich auch sein Wort gehört) von ihm aussagt, wenn wir zunächst noch von seinem in der Auferstehung geretteten Tod absehen. Einer vorläufige Ausklammerung des Blickes auf seine Geburt von Tod und Auferstehung her kann trotz aller zuzugebenden Problematik dieser vorläufigen Abstraktion darum nicht von vornherein als ganz und gar illegitim abgelehnt werden, weil ja Jesus, historisch gesehen, sein Leben, sein Wirken und seine Verkündigung nicht einfach von vornherein als eindeutig auf seinen *Tod* ausgerichtet verstanden und ausgesagt hat, in der Dimension eines menschlichen, objektivierenden und reflektierenden Bewußtseins nicht von vornherein mit dem Scheitern seines Lebens-

werks durch einen gewaltsamen Tod von seiten der religiösen und politischen Instanzen seiner Umwelt gerechnet hat.
Wenn wir unter diesen Einschränkungen von seinem Leben aus nach seiner Geburt fragen, wenn wir so eine Christologie von unten her, von der Empirie seines menschlichen Lebens her versuchen und von da aus seine Geburt bestimmen wollen, unternehmen wir natürlich eine sehr schwierige Aufgabe, zumal wenn wir einkalkulieren, daß auch schon in den synoptischen Evangelien die Worte Jesu, die in der Verkündigung des Reiches Gottes ein bestimmtes Selbstverständnis Jesu mit enthalten und mit aussagen, schon mitgeformt sind durch das Wissen der frühesten Christenheit um die volle und ganze Wirklichkeit Jesu; durch ein Wissen, das dieser frühesten Christenheit nur durch die Erfahrung des Kreuzes und der Auferstehung Jesu möglich war. Wenn wir um seine Geburt zu verstehen, nach seinem Leben fragen, in dem seine Verkündigung ein konstitutives Element ist, dann ist es selbstverständlich, daß wir in einer solchen kurzen Meditation nur Weniges, aber hoffentlich Zentrales hervorheben können, und

vieles andere, auch wenn es für unsere Absicht nicht unbedeutend wäre, übergehen müssen.

Das Wort Gottes tritt in die Welt

Wir können zunächst, um unsere Frage vorausgreifend zu beantworten, sagen: In Jesu Leben, Person und Verkündigung in einem ist für uns das letzte, irreversible und von sich selbst her siegreiche Wort der vergebenden und befreienden Selbstzusage Gottes an uns in geschichtlicher Greifbarkeit da. Darum ist dieses Wort Gottes, weil von Jesu Person untrennbar, in seiner Geburt in die Welt getreten, das unwiderrufliche Wort Gottes an uns, in dem Gott sich uns selber endgültig als Vergebung, Befreiung, ja als Vergöttlichung zusagt. Bei diesem Satz ist nicht geleugnet, sondern vorausgesetzt, daß dieses Wort, das Jesus selber ist, seine letzte Endgültigkeit und Bestätigung und Besiegelung in dem erreicht, was wir Jesu Auferstehung nennen. Aber es ist in seinem Leben ergangen.

Wenn wir nun diesen vorgreifenden Satz, so gut es kurz geht, zu erläutern und zu erhärten suchen, dann ist es klar, daß wir einerseits das historisch-exegetische und das bibeltheologische Material zur Erläuterung dieses Satzes nicht im einzelnen ausbreiten können, sondern sehr summarisch sprechen müssen, und daß anderseits von vielem die Rede sein muß, was auf den ersten Blick (aber auch nur so) mit Weihnachten wenig zu tun hat. Es ist ferner klar, daß es bei diesem Blick auf das Leben Jesu vor allem auf seine Verkündigung und seine Selbstinterpretation ankommt, die den eigentlichen Inhalt seines Lebens ausmachen, auch wenn, wie schon gesagt, die letzte Bestätigung dieser seiner Lehre und seines Selbstverständnisses uns von Ostern zukommt.

Jesu Selbstbewußtsein

Wenn wir, um seine Geburt deuten zu können, auf sein Leben blicken, wie es sich einer historisch nüchternen Nachfrage darbietet, auch in einer gewissen Absetzung von einer theologisch unbedachten Interpretation des christologischen Dogmas, dann können wir feststellen, daß Jesus ein menschliches Selbstbewußtsein hatte, das nicht „monophysitisch“

identifiziert werden darf mit dem Bewußtsein des Logos Gottes, als ob es und die ganze Wirklichkeit Jesu letztlich passiv wie eine verlautbarende Livrée von diesem einzig aktiven Gottsubjekt gesteuert würde. Das menschliche Selbstbewußtsein Jesu stand dem Gott, den Jesus seinen Vater nannte, in kreatürlicher Abständigkeit, frei, gehorsam, anbetend und sich Gottes Unbegreiflichkeit ergebend gegenüber wie jedes andere menschliche Bewußtsein.

Unbeschadet einer letzten, in der ganzen Lebensgeschichte durchgehaltenen Selbigkeit eines Tiefenbewußtseins unreflexer Art von einer radikalen und einmaligen Nähe zu Gott, wie es sich auch in der Eigenart seines Verhaltens zum „Vater" zeigt, hat das sich objektivierende und verbalisierende (Selbst-) Bewußtsein Jesu eine Geschichte: Es teilt die Verstehenshorizonte und Begrifflichkeiten seiner Umwelt, auch um es selbst zu sein, nicht nur „herablassend" für andere. Es lernt, es macht neue, überraschende Erfahrungen, es ist von letzten Krisen der Selbstidentifikation bedroht, auch wenn diese Krisen selbst nochmals, ohne ihre Schärfe zu verlieren, umfangen bleiben von dem Bewußtsein, daß auch sie selbst in den Willen des „Vaters“ geborgen bleiben. Sein ihm und (erst) in ihm gegebenes Verhältnis zu Gott objektiviert und verbalisiert Jesus für sich selbst und für seine Hörer durch das, was man oft „Naherwartung“, die Botschaft von einer neuen und endgültigen Nähe des Reiches Gottes, zu nennen pflegt, wobei man dann freilich *selber* eine Kürze des *zeitlichen* Abstandes zum kommenden Reich Gottes zum entscheidenden Punkt solcher Erwartung macht, während dies Jesus selbst ablehnt und doch eine Naherwartung des Reiches Gottes verkündigt. Hier ist nun schon eine zusätzliche Bemerkung nicht zu umgehen, auch wenn sie unmittelbar nichts mit Weihnachten zu tun zu haben scheint. Wenn man die von Jesus doch letztlich offengelassene Frage nach dem letzten Sinn des von ihm verkündigten „Bald“ des kommenden Tages Jahves vernachlässigt, weil dieses „Bald“ seiner Ankündigung einerseits und sein Wissen um die Unbekanntheit des Tages anderseits im Bewußtsein Jesu doch nicht in eine höhere Einheit synthetisiert worden seien, dann mag man von einem „Irrtum“ in der Naherwartung Jesu sprechen, der in diesem „Irrtum“ nur unser Los geteilt hätte, weil so zu „irren“ für den geschichtlichen Menschen und also auch für Jesus besser ist als immer schon alles zu wissen und so der dunklen Härte einer Entscheidungssituation in Hoffnung zu entgehen.

Wenn man aber einen existentialontologisch richtigeren Begriff von „Irrtum“ voraussetzt und bewahrt, ist kein Grund gegeben, von einem Irrtum Jesu in seiner Naherwartung zu sprechen: ein echt menschliches Bewußtsein *muß* eine unbekannte Zukunft vor sich haben. Die zeitlich sich verbalisierende Naherwartung war *für Jesus* selbst die *wahre* Weise, in der er in seiner Situation die zur unbedingten Entscheidung rufende Nähe Gottes realisieren mußte. Nur der, der in einem falschen, ungeschichtlichen Existentialismus oder Idealismus meint, sich jenseits von Zeit und Geschichte für oder gegen Gott entscheiden zu können, kann sich über diese Objektivation der Heilsentscheidungssituation in einer Naherwartung wundern, auch wenn richtig bleibt, daß ein anderer – z.B. wir heute – diese Schärfe einer neuen Heilsentscheidungssituation entsprechend der eigenen Erfahrung in etwa anders objektivieren muß und darf.

Der Kern der Botschaft Jesu

In dieser so vorsichtig und richtig zu deutenden Proklamation einer Naherwartung des Reiches Gottes verkündigt Jesus die Nähe dieses Reiches Gottes als der „jetzt" und jetzt erst gegebenen absoluten Entscheidungssituation zu radikalem Heil oder Unheil. Aber diese Situation ist in Jesu Verkündigung gerade dadurch gegeben, daß Gott allen als Sündern das Heil und nichts anderes anbietet, also nicht bloß eine dauernde ambivalente Situation für die Freiheit des Menschen konstituiert, sondern diese gerade durch seine eigene Tat zugunsten des Heiles des Menschen entscheidet, ohne freilich dadurch den Menschen von seiner eigenen Heilsverantwortung in Freiheit zu dispensieren oder die Proklamation des siegreichen Daseins des Reiches der Begnadigung des Sünders von Gott selbst her einerseits und den Anruf zur freien Metanoia an den Menschen anderseits in ein vom Menschen außerhalb seiner hoffenden Annahme durchschaubares „System“ zu vereinigen. Das kann wohl mit Recht als der historisch greifbare Kern der Botschaft Jesu bezeichnet werden, so daß eigentlich nur von daher das übrige seiner Botschaft verstanden werden kann: sein Kampf gegen die Herrschaft des Gesetzes, das sich an Stelle Gottes selber setzt, gegen jeden Legalismus und die Verabsolutierung religiöser oder profaner Mächte in der Welt, gegen jede Ethik bloß frommer Gesinnung wie einer Werkgerechtigkeit, die sich gegen Gott absichern will.

Wenn und insofern die Verkündigung der radikalen Nähe des Reiches Gottes in dem schon angedeuteten Sinn den Kern der Botschaft Jesu ausmacht, ist es wahr und bedarf es keiner Verschleierung: Jesus verkündigt das Reich Gottes und nicht sich. Dieser Mensch Jesus ist gerade darum der (reine) Mensch (schlechthin), weil er sich über Gott und dem heilsbedürftigen Menschen vergißt und nur in diesem Vergessen existiert. Eine Selbstaussage Jesu, die es natürlich und unausweichlich gibt, ist also von vornherein nur denkbar, wenn und weil sie als unvermeidliches Moment an *der* Nähe des Reiches

Gottes auftritt, die Jesus als jetzt erst sich ereignend proklamiert. Die „Funktion" Jesu offenbart sein „Wesen".

Diese Nähe Gottes als des Heiles, das Gott selber siegreich in der bleibenden Freiheit des Menschen durchsetzt, darf im Bewußtsein Jesu nicht gedacht werden als eine zu jeder Zeit immer gleichmäßig gegebene Situation, nicht als ein schon immer und überall gegebenes Existential des Menschen, das höchstens vergessen und verdrängt werden kann und nur darum immer neu gepredigt werden muß. Für Jesus ist diese Nähe Gottes mit ihm und seiner Predigt in neuer, einmaliger, nicht mehr überbietbarer Weise da.

Warum dem für Jesus so ist, und zwar nach der Predigt des vorösterlichen Jesus schon unabhängig von seinem Tod und seiner Auferstehung, welche dieses Problem natürlich sehr erleichtern und ganz neu lösen werden, ist nicht leicht zu sagen. Spricht sich in dieser Predigt Jesu einfach sein einmaliges Gottesverhältnis aus, das er in anderen nicht entdeckt, ihnen aber vermitteln will, so weit sie nur dessen fähig sind? Wäre das Reich ganz „rasch" in vollem Glanz gekommen, wäre Jesu Botschaft nicht abgelehnt worden? Hat Jesus jedenfalls unter dieser Hypothese predigen „müssen“? Wir werden sagen müssen, daß dieses ganze Problem durch Jesu Verwerfung, Tod und Auferstehung in sich allein für uns nicht mehr unmittelbar existentiell ist, weil wir ja letztlich von Jesu Ende und Vollendung nicht mehr absehen können und dürfen, und wir darum auch keine eindeutige Lösung dieses Problems erwarten können.

Umgekehrt aber ist die Predigt Jesu von der erst mit ihm gegebenen Nähe des Reiches Gottes als unserer eigentümlichen Entscheidungssituation (jetzt und nicht schon immer) auch für uns wahr trotz unseres – unsicher bleibenden – Rechnens mit einer noch langen Geschichte der Menschheit, weil durch diese Predigt, mindestens insofern sie auch durch Jesu Tod und Auferstehung bestätigt ist, für uns eine radikale Entscheidungssituation gegeben ist angesichts eines irreversibel gewordenen Heilsangebotes Gottes, wie es eben vor Jesus nicht gegeben war, und weil für den einzelnen Menschen, der sich nie in der Menschheit als ganzer verstecken kann, diese Heilssituation immer sehr kurz befristet ist.

Die neu verkündete Nähe des Gottesreiches

Diese nicht immer, sondern „jetzt“ und neu in Jesus gegebene Nähe des Reiches Gottes als die von sich her siegreiche Heilssituation des Menschen einer radikalen Metanoia ist nun aber schon für den vorösterlichen Jesus unlösbar mit seiner eigenen Person verknüpft. Damit wird – endlich – deutlich, was die bisherigen Überlegungen mit Weihnachten zu tun haben, wenn wir das Geheimnis dieses Tages „von unten her“, vom Leben Jesu in seiner geschichtlichen Greifbarkeit her zu deuten suchen. Die These von der unlöslichen Einheit von Jesu Botschaft von der Nähe des Gottesreiches einerseits und von seiner Person anderseits ist von den Exegeten in einer Arbeit zu erhärten, die hier natürlich nicht geleistet werden kann, die aber auch möglich ist, wenn sie unter Berücksichtigung aller heutigen Prinzipien und Methoden der modernen Exegese unternommen wird. Hier aber soll wenigstens Sinn und Tragweite der eben formulierten These erläutert werden. Wir haben von einer unlöslichen Verbundenheit zwischen der von Jesus als neu verkündeten Nähe des Gottesreiches und seiner „Person“ gesprochen. Wir können diese These zunächst ruhig noch vorsichtiger formulieren: Der vorösterliche Jesus ist der Auffassung, daß diese neue Nähe des Reiches *durch* seine Proklamation dieser Nähe eintritt.

Damit haben wir ein Doppeltes „gewonnen“: Zunächst einmal ist leichter verständlich, wie Jesus so das Reich Gottes mit sich identifizieren konnte, ehe seinem Tod und seiner Auferstehung ein Platz in der (seiner) Theologie zukam. Und es wird zum anderen besser verständlich, warum Sinnspitze und Mitte seiner Predigt dieses Reich Gottes und nicht unmittelbar er selbst war. Es muß gleich noch hinzugefügt werden, daß es sich bei der von Jesus verkündigten neuen, bis jetzt noch nicht gegebenen Nähe des Reiches Gottes nicht um eine bloß relativ größere Nähe als bisher handelt, die selber wieder von einer noch größeren Nähe und Dringlichkeit des Anrufs Gottes überboten und so abgelöst werden könnte. Eine solche Vorstellung der Funktion Jesu, die der eines beliebigen Propheten entspräche, der immer weiß, daß er abgelöst wird durch andere, die ein neues, anderes Wort Gottes sagen, wird schon durch die Naherwartung Jesu unmöglich. Er ist der letzte Anruf Gottes, nach dem kein anderer mehr folgt und folgen kann wegen der Radikalität, in der Gott, durch nichts anderes mehr vertreten, sich selbst zusagt mit der Erklärung, daß die Macht des Erbarmens Gottes von sich aus diese Selbstzusage Gottes in der Freiheit des Menschen durchsetzt.

Nun ist aber diese so vorsichtiger formulierte These alles andere als selbstverständlich. Sie degradiert Jesus durchaus nicht zu einem beliebigen Propheten oder religiösen Erwecker. Denn warum und wieso ist die Gegebenheit des Verkündigten (die Nähe des Reiches Gottes) abhängig von Jesu Verkündigung? Weil man sonst vom Verkündigten nichts wüßte und es darum nicht so wirksam werden könnte, da das Nichtgewußte nicht in die Freiheit des Menschen aufgenommen werden kann? Aber wenn man so antworten würde, müßte man erklären, daß und warum man denn ohne gerade diese Verkündigung dieses Jesus nichts vom Verkündigten, von der Nähe des Reiches Gottes wissen könnte.

Und ferner: *worin* sollte denn das neue, unüberbietbare Nahegekommensein des Reiches Gottes bestehen, wenn es zwar ohne Jesu Verkündigung nicht gewußt, aber dennoch an sich selber von Jesu Verkündigung unabhängig da wäre? Wie wäre in Jesu religiöser Erfahrung verständlich zu machen, daß er von einem Nahegekommensein Gottes als einem radikal Neuen weiß, wenn er nur Unwissenden sagt, was zwar im voraus zu dieser Verkündigung nicht immer schon bestünde, sich aber doch unabhängig von dieser Verkündigung ereignet hätte? Aber wo, wann und wie wird dies von Jesus selbst erfahren?

Jesu einmaliges und neues Gottesverhältnis

Wenn man eine bloß gnoseologische Notwendigkeit der Predigt Jesu vom Reich klar zu Ende denkt, müßte man sagen, daß er gar nicht eigentlich Neues gepredigt hat, sondern nur, wenn auch in prophetischer Radikalität, das Alte neu verkündigt hat. Tatsächlich wird ja vielfältig auch seine Originalität bezweifelt. Und dies geschieht in dem Augenblick zu Recht, in dem man übersieht, daß seine Predigt eine bisher nicht gegebene und nur durch seine Predigt gegebene radikal neue Nähe Gottes verkündigt. Sieht man aber dieses deutlich, dann bleibt nichts mehr übrig als zu sagen: Jesus erlebte ein Gottesverhältnis, das er einerseits als – im Vergleich zu den sonstigen Menschen – einmalig und neu erfuhr und das er andererseits für die anderen Menschen in deren Gottesverhältnis als exemplarisch erachtete. Er empfand sein einmaliges und neues „Sohnverhältnis" zum „Vater" darin von Bedeutung für alle Menschen, daß sich jetzt darin für sie, die Menschen alle, die Zuwendung Gottes zu ihnen neu und unwiderruflich ereignete. In diesem seinem einmaligen und doch für uns exemplarischen Gottesverhältnis kann der vorösterliche Jesus in seiner Person das Nahegekommensein des Reiches Gottes erfahren und so dieses Gekommensein gerade mit seiner Verkündigung als eben *seiner* Verkündigung unlöslich verbunden wissen.

Damit ist nicht geleugnet, daß durch seinen Tod und seine Auferstehung all dies erst seine letzte Radikalität in sich und für uns erhält. Aber es wird verständlich, wie Jesus sich schon vor Ostern als den absoluten Heilbringer wissen und erfahren konnte, auch wenn diese seine Selbstinterpretation für uns ihre letzte Glaubwürdigkeit durch Ostern erhält und sich dadurch auch erst in ihrer letzten Tiefe offenbart. Jesus erfährt in sich selbst jene radikale, siegreiche Zugewendetheit Gottes zu sich selbst, die es so vorher nicht unter den „Sündern" gab und weiß sie als bedeutsam, gültig und unwiderruflich für alle Menschen. Jesus ist auch als vorösterlicher nach seinem Selbstverständnis schon der Prediger des Reiches Gottes, wie es vorher geschichtlich nicht da war und wie es *durch* und in ihm da ist.

Das endgültige Wort Gottes an die Welt

Jetzt, so meine ich, sind wir in der Lage, zu sagen, wie wir vom Leben Jesu her und schon im voraus zur Interpretation des Anfangs vom Ende her Weihnachten, seinen Anfang, seine Geburt, verstehen können. Weihnachten ist die Geburt des „Sohnes" des ewigen Gottes. Wenn wir „Sohn" sagen, haben wir vielleicht noch nicht ganz und ausdrücklich und erst recht nicht in der kirchenlehramtlichen Begrifflichkeit all das schon gesagt, was das Dogma von Weihnachten verkündigt, wenn es den Abstieg des ewigen Wortes des Vaters, des Sohnes schlechthin in die Geschichte, in unser Fleisch verkündigt.

Aber schon wenn das richtig ist, was wir vom Selbstverständnis des vorösterlichen Jesus gesagt haben, ist Jesus in einer einmaligen und unüberholbaren Weise der Sohn des ewigen Gottes, der nicht zu einer beliebigen Prophetengestalt, zu einem bloßen religiösen Genie oder einem religiösen Erwecker degradiert werden darf in einer Reihe, die grundsätzlich weitergehen könnte. Jesus ist mit seinem Leben und seiner Verkündigung in Person das endgültige und unüberholbare Wort Gottes an die Welt. Man könnte sagen, daß dieses eine Wort nicht viel aussagt, weil es ja „nur" das von Gott her siegreiche Erbarmen Gottes, das die ganze Geschichte mit all ihrer Schuld und allen Ausweglosigkeiten umfaßt, und Gott selbst als die absolute Zukunft des Menschen aussagt.

Aber mag auch dieses umfassende Wort, das alles andere als selbstverständlich ist, ausgefüllt werden müssen durch all die Worte Gottes und die Antworten der Menschen, die im Laufe der ganzen Weltge-

schichte ergehen, so ist eben dieses in der eben genannten Hinsicht unendlich offene Wort doch das abschließende, weil es der ganzen Geschichte ihr Ankommen in Gottes unbegreiflicher Herrlichkeit verheißend zusagt und darum gar nicht überholt werden kann, so daß alle noch kommende Geschichte mit all ihren nicht voraussehbaren Einzelzukünften in diesem Wort sich bewegt und nicht darüber hinausführen kann, ist es doch das Wort der absoluten, alles versöhnenden und Gott selbst und nicht etwas dazu Vorläufiges beinhaltenden Zukunft.
Wenn Jesus in seiner Person, seiner Einheit mit Gott, aus der heraus er spricht, und in seinem Wort dieses Wort ist, wenn dieses Wort von Gott her gesagt wird, weil es nur von Gottaq gesagt werden kann, dann ist der ganze und eine Jesus von vornherein als die von Gott her siegreich gewollte Selbstzusage Gottes an die Welt von Gott gesagt, ist er von Anfang seiner Existenz an von Gott als dieses Wort gewollt, auch wenn sich dieses Wort, um zu sein und von uns gehört zu werden, in einer menschlichen Geschichte entfalten und auslegen mußte. Die Christen haben recht, wenn sie sagen, daß dieses Wort Gottes, in

dem Gott sich endgültig und in seiner Endgültigkeit geschichtlich greifbar zugleich zusagt, an Weihnachten geboren wurde.
Auch eine Christologie, die von unten her mit der Erfahrung des konkreten Jesus und seiner Botschaft beginnt, darf mit Recht, wie es schon die neutestamentlichen Schriften bezeugen, zur Geburt dieses Jesus zurückgehen, weil er als der, der sich später zeigt, von vornherein von Gott gewollt sein mußte, und zwar unbedingt, wenn er nicht bloß ein Mensch sein sollte, der noch vor der offenen Frage für sich und uns steht, ob die Einheit mit Gott in Freiheit gelingt oder in Schuld scheitert, sondern der Mensch, in dem greifbar für ihn und als Verheißung für uns der Sieg Gottes in der Freiheit des Menschen Ereignis wird. Auch in einer Christologie von unten ist Weihnachten der Eintritt des Wortes Gottes an uns in die Welt, in dem Gott selbst sich versöhnend zusagt.

Gehorsam geworden bis zum Tod

Was wir in einer solchen „Christologie von unten“ unter Vorbehalten über Weihnachten schon vom „Leben Jesu“ her sagen können, wird radikaler verstehbar und bestätigt, wenn wir vom Kreuz und von der Auferstehung Jesu her auf Weihnachten zurückblicken. Wir können hier in so begrenztem Rahmen natürlich nicht den Versuch unternehmen, eine auch nur einigermaßen ausgewogene und vollständige Theologie des Kreuzes und der Auferstehung Jesu zu entwickeln oder hier und jetzt fundamentaltheologisch das glaubende Ja zur Auferstehung Jesu zu rechtfertigen. Wir können nur ein paar Andeutungen versuchen, die ein wenig deutlicher machen sollen, wie Kreuz und Auferstehung das bisher vom Leben Jesu über Weihnachten Gesagte radikalisieren und wie mit einem letzten Siegel Gottes bestätigen. Wir fragen: Wie muß eigentlich, genauer verstanden, dasjenige Wort Gottes in der Geschichte zu uns kommen, bei dem die Geschichte einerseits noch weiterlaufen kann und nicht schon durch die endgültige Selbstoffenbarung Gottes im vollendeten Reich Gottes, in der Glorie, in der unmittelbaren Anschauung Gottes [in] der Ewigkeit aufgehoben wird, das Wort der Selbstzusage Gottes, das andererseits trotz seiner Gegebenheit innerhalb einer noch laufenden Geschichte Gott selbst uns greifbar und unwiderruflich zusagt?

Wort Gottes – Antwort des Menschen

Zunächst können wir sicher sagen: dieses Wort muß, soll es an die Freiheit des Menschen gerichtet sein und diese nicht aufheben, ein Wort sein, das eine unaufhebbare Einheit mit der freien Antwort des Menschen hat, die dieses Wort der Selbstzusage Gottes annimmt, selber Tat des Menschen und Tat Gottes in einem ist. Wäre es nicht so, könnten wir nur von einem Selbstangebot Gottes erfahren, von dem wir nicht wissen, ob es wirklich angenommen ist, und könnten darum nicht wissen, ob dieses Selbstangebot Gottes von sich selbst her siegreich ist und die Ambivalenz der menschlichen Freiheit zu deren Heil überholt hat.

Das Wort Gottes an uns muß im freien Gehorsam eines Menschen ihm gegenüber ergehen, in dem in einem einzelnen Menschen auch für uns die Verheißung greifbar wird, daß Gottes Erbarmen auch unsere eigene Freiheit über deren Ambivalenz hinaus zu ihrem Heil umfaßt, auch wenn es uns natürlich verboten ist, daraus abzuleiten, wir hätten, um zum Heil zu gelangen, nichts mehr zu tun und könnten uns den eigenen freien Gehorsam diesem Selbstangebot Gottes gegenüber ersparen. Dieses gesuchte Wort der Selbstzusage Gottes an die Menschheit in einem einzelnen Menschen muß eine Einheit von Wort Gottes und Antwort des Menschen und – dürfen wir gleich hinzufügen – Annahme der Antwort durch Gott sein, falls wir diesen Aspekt noch eigens unterscheiden wollen.

Dieses gesuchte Wort Gottes muß aber noch eine andere Eigentümlichkeit haben, mindestens einmal, wenn wir es von der eben ausgesagten Einsicht her sehen, daß zu ihm selbst die gehorsame Antwort des Menschen als von Gott gewirkte hinzugehört. Wir fragen darum: Wie muß mindestens in der konkreten Geschichte des Menschen bei seiner Verfassung, so wie wir sie kennen, diese Antwort des Menschen aussehen, damit sie den ganzen Menschen umfassend und endgültig ist? Auf diese Frage kann man nur antworten: Die Antwort muß durch den Tod geschehen; die geglückte, von Gott angenommene und für uns doch erfahrbare Antwort ist das, was wir Auferstehung nennen. Das ist noch ein wenig, so gut es geht, zu verdeutlichen.

Überantwortung an Gott

Die gesuchte Antwort soll den ganzen Menschen umfassen und endgültig sein. Sie soll eine Antwort sein, in der der Mensch sich ohne jeden Vorbehalt auf Gott selbst, wie er an sich und in seiner unverfügbaren Freiheit ist, bedingungslos einläßt. Eine solche Vorbehaltlosigkeit ist aber nur im Ereignis des Todes möglich. Denn darin wird einem alles genommen, darin läßt man alles und auch sich selbst und seine Freiheit mit ihren Einzelmöglichkeiten ganz und gar, vorausgesetzt natürlich, daß man den Tod nicht als absoluten Protest gegen alles und jedes, das einem genommen wird, versteht, weil es einem genommen wird und man in letzter schuldhafter Hoffnungslosigkeit diesen Vorgang als Ereignis absoluter Sinnlosigkeit interpretiert.

Wenn also ein Mensch im Tod (und letztlich ist es nur da möglich) sich schlechthin und bedingungslos im Gehorsam Gott überantwortet als dem, der sich selbst (und ursprünglich nichts anderes) dem Menschen als dessen absolute Zukunft über alles einzelne Innerweltliche hinaus zusagt, und wenn die Einheit dieser Zusage und deren Annahme als endgültig geglückte auch uns erscheint (in dem, was wir die Auferstehung und deren Erfahrung nennen), dann haben wir auch für uns darin die siegreiche Selbstzusage Gottes an uns. Schon deshalb, weil ja Jesus, der so Gestorbene und Auferweckte, sich von vornherein immer mit einer Botschaft der vergebenden Selbstzusage Gottes an *uns* identifiziert hat und darum in seinem Tod und seiner Auferstehung als Verheißung an uns zu gelten hat.

Lebensschicksal – Todesschicksal

Wir können hier das eben Gesagte nicht noch weiter erläutern. Wir können vor allem auch nicht den Versuch unternehmen, seine Auferstehung als glaubwürdig zu verdeutlichen. Setzen wir dies aber hier als

möglich voraus, dann können wir sagen: Der Gekreuzigte und Auferstandene ist die unüberholbare und endgültige Selbstzusage Gottes in Erbarmen und Liebe an uns, die von Gott her schon unsere Fragwürdigkeit und Sündigkeit überholt hat. Er ist in Tod und Auferstehung endgültig und für uns greifbar die Selbstzusage Gottes an uns geworden, die er grundsätzlich schon durch sein Leben und seine Verkündigung der neuen und endgültigen Nähe Gottes bei uns in der Verkündigung des Reiches Gottes war.
Von da aus aber können wir nun aufs neue auf Weihnachten zurückblicken: aus den Gründen, die wir schon im ersten Gang unserer Überlegungen angedeutet haben hinsichtlich seines Lebens und seiner Verkündigung, ist Weihnachten der von Gott selbst in souverän siegreicherVerfügung in Jesus gesetzte Anfang seines Todes und seiner Auferstehung. Wie immer genauer die Frage auch beantwortet werden mag, ob und wie Jesus in seinem gegenständlichen und verbalisierenden Bewußtsein mit seinem Tod als durch Gottes Macht gerettetem gerechnet haben mag, ob und wie diesbezüglich im irdischen Bewußtsein Jesu eine Entwicklung auf ein Deutlicherwerden

seines Todesschicksals stattgefunden haben mag, jedenfalls geht sein Lebensschicksal von der souveränen Verfügung Gottes her, die Jesu ganzes Schicksal von sich aus als Gottes Selbstzusage an uns will, auf diesen Tod hin; jedenfalls ist von ihm dieses Todesschicksal in seinem bedingungslosen Gehorsam gegenüber Gottes Verfügung mindestens schweigend immer schon angenommen worden; jedenfalls hat Jesus gegen Ende seines Lebens seinen Tod mindestens als ein Prophetenschicksal auch ausdrücklich in letzter Entschlossenheit angenommen. Und darum können wir sagen: Weihnachten ist wirklich der Anfang jener Vollendung, in der Jesus, bedingungslos und ohne an irgend etwas anderem als an Gott festzuhalten, sich in die Unbegreiflichkeit Gottes als seine eigene, durch ihn selbst nicht verfügbare Vollendung fallen läßt.

Weihnachten ist der Beginn des Menschen, der – auch für uns – sterben soll in einer Tat, die die höchste Tat seines glaubenden Gehorsams ist. Dies zumal, weil ja das eigentliche menschliche Sterben als Tat der lassenden und hoffenden Freiheit nicht einfach im Augenblick des medizinischen Exitus geschieht, sondern die innerste Struktur eines ganzen menschlichen Lebens ausmacht, das sich in allem Lassen seiner selbst, in allen Enttäuschungen, Bitterkeiten, in allem Scheitern einübt auf jenes alles verschlingende und dennoch hoffende Lassen, das in dem Sterben zu Ende und vollendet ist, das wir üblicherweise den Tod nennen.

Wenn wir uns glaubend vor die Krippe des Neugeborenen stellen, müssen wir sehen, daß hier der Untergang, Tod genannt, beginnt, der allein rettet, weil seine Leere erfüllt ist von der namenlosen Unbegreiflichkeit Gottes, die allein alle Fragen, die unser Leben in tausend Einzelfragen stellt, beantwortet, indem sie diese überholt. Natürlich ist immer der von Gott gerettete Tod, der von ihm erfüllte Tod gemeint, ist der Tod gemeint, der von uns her Untergang unserer Existenz, und von Gott her Aufgang Gottes ist in dem, was wir Auferstehung nennen. Weihnachten ist der Anfang dieses geretteten Todes und nur von daher wirklich zu verstehen.

Das Licht von Weihnachten und der Gott preisende wie auch die letzte Versöhnung den Menschen der Gnade Gottes zurufende Gesang der Engel müssen in die Abgründe unseres Todes fallen, oder sie sind nicht gesehen und gehört. Weihnachten ist kein vertröstendes Fest, das uns über die Unbegreiflichkeit unseres Schicksals für einen Augenblick hinwegtrösten will. Es muß da gefeiert werden, wo wir leben, in dem Sturz in unseren Tod, weil Jesu Geburt der Anfang seines Todes war.

Gott ist Mensch geworden

Bei einer solchen Weihnachtsmeditation, die unten bei uns, unten bei Jesu Leben und Tod ansetzte, dürfen wir aber dennoch nicht die bleibende Gültigkeit (auch für uns heute) der schon vom Neuen Testament an gegebenen Sicht des weihnachtlichen Mysteriums vergessen oder verdrängen, die von oben her auf Weihnachten blickt, die sieht und sagt: „und das Wort ist Fleisch geworden".
Wir können zu dieser fast zweitausendjährigen Weihnachtsmeditation der Kirche hier nur wenig sagen, weil deren Inhalt ja identisch wäre mit der ganzen christlichen und kirchlichen Lehre von der Dreifaltigkeit des ewigen Gottes und von der „Menschwerdung" des ewigen Logos, von der „hypostatischen Union" des ewigen, präexistenten Sohnes des Vaters mit einer vollmenschlichen Wirklichkeit mit Leib und Seele, mit einer menschlichen „Natur" in der Zeit. Aber wir können doch, und zwar zurückgreifend auf den ersten und zweiten Gang unserer Meditation, sagen: Wenn Jesus die geschichtliche, einmalige und unwiderrufliche Selbstzusage Gottes an uns in seiner menschlichen Wirklichkeit mit Geschichte, Leib und Seele, personal menschlicher Frei-

heit in seinem Leben und Tod (alles in einem) ist und wenn diese Selbstzusage Gottes Gott selber und nicht bloß eine von ihm verschiedene, geschaffene und endliche Gabe meint, und zwar auch dann nicht, wenn man eine solche von Gott verschiedene, wenn auch von ihm gegebene Gabe als für uns heilshaft denken würde, wenn es sich also bei dieser Selbstgabe Gottes streng und unerbittlich um ihn selbst handelt, wie er an und für sich ist und gerade so sich uns mitteilt und in Jesus zusagt, dann ist in Jesus eine einmalige und endgültige Einheit zwischen ihm und Gott, und zwar von Anfang an (wenn sich auch entfalten müssend) gegeben derart, daß man eindeutig und unerbittlich sagen muß: in ihm ist für ihn und durch ihn für uns Gott ganz und unwiderruflich als er selber da, wenn natürlich gerade darum als der Unbegreifliche und Namenlose. Er selbst ist durch nichts anderes mehr vertreten. Und eben dies wird in den klassischen Formeln der kirchenamtlichen Lehre von Ephesus und Chalkedon im 5. Jahrhundert ausgesagt, wenn da gelehrt wird, daß der ewige Logos des Vaters die ganze und unverkürzte und freie menschliche Wirklichkeit Jesu als seine eigene „angenommen“ und mit sich vereinigt hat, so daß diese Wirklichkeit, ohne daß sie in ihrer Eigenständigkeit und Freiheit auch Gott gegenüber angetastet wird, die Wirklichkeit und Erscheinung Gottes, so wie er an sich selbst ist, geworden ist.

Ewiger Sohn des Vaters

In diesem Sinn sagt dann das christliche Dogma in unerhörter Kühnheit und Unerbittlichkeit, daß Jesus „Gott“, der „ewige Sohn des Vaters“ „ist“, daß seine menschliche Wirklichkeit in Geburt, Leben, Tod und ewiger Gültigkeit von Gott selbst ausgesagt werden könne und müsse, und die Eigenschaften Gottes von diesem Jesus.

Freilich muß bei solchen Ist-Aussagen und solchen Zuteilungen göttlicher und menschlicher Prädikate an die eine und selbe Einheit der Gottperson Jesus gleich, und zwar nach der ausdrücklichen amtlichen Kirchenlehre, hinzugefügt werden, daß dieses „ist“ einen Sinn hat, der wesentlich verschieden ist von dem Sinn solcher Ist-Aussagen, wie sie sonst in unserer Alltagsrede vorkommen. Denn hier (Petrus ist

ein Mensch) handelt es sich um eine schlichte Identität zwischen Subjekt und Prädikat. Bei den christologischen Ist-Aussagen aber um eine geheimnisvolle Einheit zwischen Gott und Jesus, in der die göttliche und die menschliche Wirklichkeit nicht identisch als dasselbe gedacht werden dürfen, weil sie es nicht sind, sondern „unvermischt“ bleiben, wie das Konzil von Chalkedon ausdrücklich betont.
Dies muß auch immer in solchen Zuteilungen göttlicher Prädikate an Jesus mitgedacht werden, wenn wir z.B. sagen: Gott wurde geboren, Gott ist gestorben, Maria ist die Mutter Gottes. Wenn wir diesen radikalen Unterschied inmitten dieser geheimnisvollen Einheit von Gott und Mensch in Jesus nicht mitdenken, denken wir nicht gläubiger, nicht frommer, sondern häretisch, monophysitisch.

Gottes „Einfluß" auf Jesus

Darum dürfen wir die konkrete Art, in der die göttlich souveräne Freiheit Gottes über den Menschen Jesus und seine Freiheit, diese nicht aufhebend, sondern sie begründend und radikalisierend, verfügt, eigentlich nicht anders denken als auch uns gegenüber. Wenn wir diesen „Einfluß“ Gottes auf Jesus in seiner Freiheit anders denken würden, in der Art, wie in uns ein höheres Steuerungsprinzip die niedrigeren Schichten und Dimensionen unserer Wirklichkeit durchdringt, dann würden wir (in der klassischen Christologie formuliert) aus der göttlichen und der menschlichen Wirklichkeit eine (wenn auch komplexe) einzige „Natur“ machen, würden wir monophysitisch und monotheletisch denken, wären wir Häre tiker. Wenn wir im Unterschied zur klassischen christologischen Terminologie mit „Person“ menschlicher Art, mit freier endlicher Persönlichkeit ein seinshaftes, in unendlichem Abstand Gott gegenüberstehendes Aktzentrum von Freiheit bezeichnen, dann hat natürlich Jesus eine menschliche kreatürliche Persönlichkeit, ist er in diesem Sinn eine menschliche „Person“.

Das Gegenteil behaupten, wäre eine Irrlehre, die die Kirche als Monophysitismus verworfen hat und deren Ablehnung sie in der Verwerfung des sogenannten Monotheletismus, das heißt in der Verwerfung der Lehre bekräftigt hat, für die in dem einen und ganzen Jesus als der geheimnisvollen Einheit von Gott und Mensch nur ein einziges Aktzentrum von Freiheit gegeben ist.

Gott in Jesus

Wenn wir von der einen und einzigen göttlichen „Person" in Jesus in der kirchenamtlich klassischen Terminologie sprechen und in deren Sinn sprechen müssen, dann ist Gott gemeint, insofern er die durchaus „personale" Wirklichkeit des echten Menschen Jesus so annimmt und umfaßt, ohne sie aufzuheben, daß sie wirklich Gottes Dasein bei uns, das unwiderrufliche Zusagewort Gottes in sich selbst für uns werden kann.

Es braucht darum auch nicht geleugnet zu werden, daß die klassischen christologischen Aussagen des kirchlichen Lehramtes, die wir an Weihnachten in eineinhalbtausendjähriger Gewohnheit verwenden, um das Geheimnis von Weihnachten zu verkündigen, auch mißverstanden werden können und faktisch von vielen Christen, wenn auch unschuldig, falsch, das heißt monophysitisch, mißverstanden werden. Und davor ist heute gewiß auch in einer Weihnachtsbetrachtung zu warnen, weil eben solche Formulierungen, wenn sie so monophysitisch verstanden werden, bei Christen und Nichtchristen fast unvermeidlich, und zwar mit Recht, als unglaubwürdige Mythologie empfunden werden, die wir heute nicht mehr glaubend nachvollziehen können.

Diese kirchenamtlichen Formulierungen wollen, zumal wir das Wie der hypostatischen Union gewiß nicht weiter erklären können und es auch nicht müssen, uns letztlich nichts anderes sagen, als daß Gott in sich selbst als unsere absolute Zukunft, Versöhnung und Vergebung unwiderruflich sich zugesagt hat in der einen und ganzen Wirklichkeit und Geschichte Jesu vom Anfang bis zum Ende seiner eigenen ewigen Gültigkeit. Wenn wir ihn so verstehen und glauben, sind wir Christen.

Aber die klassischen Formulierungen der kirchenamtlichen Christologie sind mindestens auch heute noch eine unersetzliche Formulierung, die uns davor bewahrt, Jesus zu nivellieren auf das Maß eines religiösen Genies, eines, wenn auch bisher unüberholten religiösen Propheten, hinter dem aber grundsätzlich neue und gleichartige kommen können. Wir fangen zwar heute vielleicht langsam an, solche Verstehenshorizonte und Begriffe zu gewinnen, die uns in der Zukunft vielleicht gestatten, in anderen als den klassischen Begriffen das Geheimnis dieses Jesus auszusagen und zu bewahren, in solchen Formulierungen, die uns heute unmittelbarer zugänglich sind und leichter die Gefahr einer monophysitischen Identifikation von Gott und Mensch in Jesus vermeiden, ohne darum selber wieder häretisch zu werden in einer Neuauflage eines alten „Nestorianismus" (wie er im 5. Jahrhundert von der Kirche selber verstanden wurde), der in Jesus doch nur einen letztlich beliebigen, wenn auch gottbegabten, Menschen sehen konnte. Aber wenn auch vielleicht in Zukunft andere Weisen christologischer Aussagen denkbar, geläufig und vielleicht sogar kirchenamtlich rezipiert werden mögen, so haben jetzt und auch später die klassischen christologischen Formulierungen ihre in dem genannten Sinn bleibende Bedeutung.

Der glaubende und der fromme Christ darf, ja muß auch heute selig sagen: an Weihnachten ist Gottes Wort Fleisch geworden und hat unter uns gewohnt, weil diese Aussage wahr ist, das christliche Entscheidende sagt und nicht mißverstanden werden muß. Auch heute darf und soll in seliger Unbefangenheit an Weihnachten verkündigt werden, daß Gott Mensch geworden ist.

Das Geheimnis des dreifaltigen Gottes

Das eben Dargelegte muß vielleicht noch durch einen Hinweis ergänzt werden, auch wenn er unvermeidlich noch kürzer ausfällt. Weihnachten rührt an das Geheimnis des Dreifaltigen Gottes und ist, wie die klassische Christologie deutlich zeigt, ohne dieses trinitarische Geheimnis Gottes nicht genügend aussagbar, wie es sich auch von der Schrift her, vor allem bei Paulus im Kolosserbrief und im 2. Kapitel des Philipperbriefs und aus dem Prolog des Johannesevangeliums ergibt.

Man muß zwar ehrlich und unbefangen gestehen, daß das Dogma, der eine Gott subsistiere in drei Personen, für uns in unseren heutigen Verstehenshorizonten und der uns nun einmal geschichtlich zugewachsenen allgemeinen Terminologie, erhebliche

Mißverständnisse eigentlich häretischer Art hervorrufen kann. Denn es gibt natürlich nach der Lehre der Kirche in Gott nicht drei Freiheiten, drei voneinander verschiedene Bewußtseins- und Aktzentren. So etwas würde nämlich die Häresie und Gottlosigkeit eines Tritheismus bedeuten, der dann höchstens noch durch die verbal bleibende Behauptung zugedeckt würde, es seien diese so verstandenen Personen doch nur „ein“ Gott.

Wenn wir aber sagen: In der Heilsgeschichte offenbart sich in deren Höhepunkt in Jesus Gott als der ursprunglose und unumgreifbare und wird so Vater genannt; er offenbart sich als der, der sich unbeschadet seiner bleibenden Unumgreifbarkeit und Ursprungslosigkeit wirklich selber in der Geschichte aussagen kann in seinem „Sohn“ Jesus; er offenbart sich als der, der sich als er selber, Geist genannt, in die innerste Mitte unserer Existenz einstiften kann, ohne sich seiner eigensten Göttlichkeit zu begeben oder in dieser Selbstmitteilung die endliche Kreatur aufzulösen, dann haben wir (eben nur angedeutet) das, was wir die heilsgeschichtliche Dreifaltigkeit, die dreifach eine Gegebenheit des sich uns als unser ewiges

Heil mitteilenden Gottes nennen. Wenn wir dann dabei deutlich sehen, daß es sich bei diesen drei Aspekten der Mitteilung Gottes an uns wirklich um Gott selbst handelt, wie er an sich ist, daß diese drei „Modalitäten“ der Selbstmitteilung Gottes nicht einfach bloß Modalitäten unseres Empfangs dieses sich selbst mitteilenden Gottes sein können, weil sie dann kreatürlich wären und die Selbstmitteilung Gottes durch endliche Eigentümlichkeiten auf unserer Seite vermittelt sein ließen, dann müssen wir sagen, daß diese drei Modalitäten der heilsgeschichtlichen Zuwendung Gottes ihm zukommen, wie er von Ewigkeit an und für sich selbst ist, daß diese heilsökonomische Trinität notwendig auch eine immanente Trinität ist, daß Gott (wenn wir so sagen wollen, um das heute mißverständliche Wort Person zu vermeiden) in drei Subsistenzweisen existiert, die die Eigentümlichkeit seines eigenen ewigen Lebens und der Möglichkeit seiner Zuwendung zu uns in einem ausmachen, in der er sich selber gibt.

Trinität der Selbstmitteilung Gottes

Wir können diese immanente Trinität Gottes dann immer noch für uns am ehesten verständlich machen, wenn wir sie von seiner Selbstmitteilung an uns her beschreiben, vorausgesetzt nur, daß wir, um die Radikalität dieser Selbstmitteilung nicht zu verdunkeln, die Trinität der Selbstmitteilung als Trinität Gottes an sich verstehen. Dann können wir sagen: der ewige unumgreifbare, ursprunglose Gott, „Vater" genannt, sagt sich geschichtlich selber aus und ist in dieser Möglichkeit von Ewigkeit her als Logos, als Wort, subsistierend; er hat von Ewigkeit her die Möglichkeit, sich als Geist der Liebe in die innerste Mitte kreatürlicher Existenz hinein zu verschenken und wird in dieser Möglichkeit, in der er von Ewigkeit her subsistiert, Geist genannt.

Wir können darum an Weihnachten wirklich in einer „Abstiegschristologie" sagen, daß das Wort Fleisch geworden ist, das von Ewigkeit in Gott präexistiert, daß das ewige Wort Gottes in unsere Geschichte herabgestiegen ist. Wir können dieses Wort dann auch den ewigen Sohn des Vaters nennen, auch wenn wir nicht leugnen müssen, daß das biblische Wort vom

Sohn des Vaters (mindestens in den ältesten Schichten des Neuen Testaments) zunächst einmal den Menschen Jesus meint, insofern er jene einmalige, ihn von allen anderen Menschen unterscheidende Einheit mit Gott (als Wort) hat, durch die er die unüberholbare Selbstzusage Gottes an uns ist.
Man kann die Trinitätstheologie, die schon im Neuen Testament gegeben ist und in der weiteren Glaubensgeschichte der Christenheit begrifflich weiter ver deutlicht und systematisiert worden ist, heute als für uns fast überanstrengend empfinden, und man braucht sie gewiß nicht an den Anfang der Selbstentfaltung unseres eigenen Glaubens zu stellen. Aber wir können uns auch nicht, ohne unser eigenes Glaubensbewußtsein ungeschichtlich zu verkürzen, von dieser gemeinchristlichen Glaubensgeschichte hochmütig emanzipieren wollen, auch wenn wir nicht jedwede kühne Spekulation über die göttliche Trinität von Origenes an über die kappadozischen Väter bis zu Augustinus und seine Nachfahren in der mittelalterlichen Theologie für absolut verbindlich und für uns heute noch existentiell bedeutsam halten müssen, wenn solche Spekulation einerseits doch

sich nicht selten von ihrem heilsökonomischen Ausgangspunkt zu weit zu entfernen scheint und anderseits gar nicht so einheitlich ist, wie die noch spätere Schultheologie in ihren Harmonisierungstendenzen vorgibt.

Die Trinitätstheologie, wie sie sich kirchenamtlich im 15. Jahrhundert durch das Konzil von Florenz nochmals zusammenfassend formulierte, mag (wenn auch verbindliche) *Theologie* sein, und braucht nicht notwendig in solcher Formulierung als Bekenntnis und als unmittelbare Aussage existentiell vollzogenen Glaubens gelesen und gesagt zu werden. Sie ist aber auch dann noch ein uns verpflichtender Schutz dafür, daß Gott-an-sich-selbst sich uns mit seiner eigenen Herrlichkeit gibt, daß er und nicht eine ihn in unvermeidlich bleibender Vorläufigkeit vertretende kreatürliche Gabe die Mitte unserer Existenz und unsere absolute Zukunft ist, und daß er sich als dieser geschichtlich in Jesus von Nazareth unwiderruflich zugesagt hat.

Darum aber dürfen wir auch an Weihnachten das Mysterium dieses Festes nicht so verkünden und in unser Herz aufnehmen, als ob zum christlichen

Glauben nicht auch das Mysterium des einen und dreifaltigen Gottes gehöre. Wir sollen uns gewiß nicht in unserem religiösen Leben in subtile theologische Formulierungen verstricken und in ihnen hängen bleiben. Wir können sie aber durchaus auch heute noch würdigen als Wegweisung und als Schutz für das, was wir glaubend und existentiell durchaus auch heute vollziehen können. Wir sollen nicht von der törichten Voraussetzung stillschweigend ausgehen, daß glaubensmäßig nur das gesagt, verkündigt und gelebt werden könne, was auch der oberflächlichste und geistig trägste Mensch noch auf den ersten Anhieb hin begreifen kann. Wir können und müssen auch heute noch sagen: Das ewige Wort des Vaters ist im Fleisch des Menschen erschienen, hat unsere Wirklichkeit und Geschichte als seine eigene angenommen und uns so unbesiegbar und unwiderruflich Gott selbst zugesagt.

Fangen wir zum Schluß unserer langen und gewiß sehr theoretisch und abstrakt gewordenen Weihnachtsmeditation gewissermaßen noch einmal am Anfang an. Die bisherige Meditation mag, so mühsam reflektierend sie auch gewesen sein mag, doch darin ihr Recht haben, daß wir auch an Weihnachten kein Recht und, wenn wir nüchtern und ehrlich sind, keine Lust haben, nur so etwas wie eine gemütvolle Weihnachtsstimmung hervorzuzaubern, von der wir nicht recht wissen, woher sie eigentlich kommt, wie lange sie anhält, was sie mit dem christlichen Mysterium von Weihnachten wirklich zu tun haben könne. Aber zum Schluß dieser Meditation soll darum noch einmal an dem Punkt unserer Erfahrung angesetzt werden, der am Anfang uns verboten hat, zu rasch uns auf eine kindlich-selige Weihnachtsstimmung einzulassen.

Mitten in unserer Nacht

Es ist kein Vergnügen, in diesen Tagen in einer Meditation so etwas wie einen Kommentar zu Weihnachten zu geben. Dem, der ihn liest oder hört, wird es auch nicht anders gehen. Es ist ja jedes Jahr dasselbe: etwas „Stimmung", einige fromme und humanitäre Phrasen, ein paar aufwendige Geschenke mit der Mühe, sich nachher dafür zu bedanken, obwohl man lieber nichts erhalten hätte. Und dann geht alles weiter wie bisher. Wenn man ein Christ ist, hat man erst recht die Pflicht, sich über diesen Weihnachtszauber nichts vorzumachen. Denn gerade der Christ darf nicht der Mensch sein, der mit frommen Sprüchen die erbärmliche Wirklichkeit des Menschenlebens zudeckt. Bei Gott nicht. Denn der Christ hängt ja als Zeichen seines Glaubens ein Kreuz, einen Galgen, an dem ein Mensch angenagelt wird, an die Wände, die sein Dasein beengen. Darum kann für ihn Weihnachten auch nur den Anfang eines Lebens bedeuten, das in dieser Welt an diesem Kreuz endet (oder im Tod oder in der leeren Bitterkeit der totalen Enttäuschung – es kommt alles aufs selbe hinaus).

Nach Weihnachten, das muß zu diesem meist ach so stimmungsvoll inszenierten Fest gesagt werden, geht

alles weiter wie bisher. Wir bringen es dabei herrlich weit. Bis zum Mars oder noch weiter. Bis zur Ölkrise und Inflation. Und endlich bis zum Tod. Aber davon redet man als anständiger Mensch im Osten und im Westen am besten nicht. Denn das schickt sich nicht oder höchstens dann, wenn man daraus auch noch einmal einen existentialistischen Rummel machen kann, mit dem Geld zu verdienen ist.
Soll man sich also in diesen Tagen ingrimmig verkriechen? Oder gefaßt „Weihnachten“ mitmachen, weil man immer noch am besten wegkommt, wenn man sich nicht anmerken läßt, wie einem inwendig zumute ist? Nun, man könnte außer diesem und jenem an diesen Tagen noch etwas anderes tun, nämlich bedenken, was Weihnachten eigentlich sagt, wenn man es christlich versteht. Das könnte sogar auch den Nichtchristen interessieren. Man könnte sich fragen, ob nicht eben doch trotz aller Banalität und Gräßlichkeit des Lebens inwendig in einem (ob man amtlich Christ ist oder nicht) der unwahrscheinliche Mut sitzt, an Weihnachten zu glauben, an das wahre Weihnachten, und zwar ob man es zugibt oder ob man meint, es nicht glauben zu können. Der Mut

dieses Glaubens, der inwendig in der echten und gefaßten Nüchternheit steckt, mit der wir mit dem Leben fertig werden, vorausgesetzt nur, diese Nüchternheit ist nicht nur die Außenseite einer letzten Verzweiflung über die Sinnlosigkeit unseres Daseins.

Dem Geheimnis entgegensehen

Weil Gott Weihnachten gemacht hat, ohne uns zu fragen, ist es nämlich möglich, daß wir mehr glauben, als wir zugeben, mehr, als wir in unseren theoretischen Ansichten über uns und unser Leben wissen. Wieso das? Wir sind immer die, die über sich schon hinaus sind (welche Last und welche Bürde!), die Freien, die Selbstverantwortlichen, die Hoffenden. Wir sind immer schon über das Angebbare und Bestimmte hinaus. Wir leben das Greifbare vom Unbegreifbaren her. Wir gründen im Abgrund des Namenlosen und Unsagbaren. Wir können diesem gegenüber uns gewiß tot stellen. Wir können sagen, daß wir damit nichts anfangen können. Wir können versuchen, uns an das Alltägliche und Überschaubare zu halten, das Beleuchtete mustern und uns versagen, uns dem

ungreifbaren Licht zuzuwenden, das alles Beleuchtete für uns erst sehbar macht. Aber das Geheimnis durchwaltet eben doch unser Dasein und zwingt uns immer wieder, ihm entgegenzublicken, auch wenn es schweigt und blendet: In der Freude, die keinen Gegenstand mehr kennt, in der Angst, die die Selbstverständlichkeit unseres Daseins auflöst, in der Liebe, die sich als unbedingt und ewig gültig weiß, in der Verantwortung, die keinen irdischen Gerichtshof mehr kennt, in der Frage, die über ihre eigene Unbedingtheit und unbegrenzte Weite erschrickt.
So aber geraten wir mitten in der nüchternen Alltäglichkeit des Lebens doch immer vor das Geheimnis, das ist, das unendlich ist, das gründet, ohne selbst noch einmal einen Grund zu haben, das immer da ist und sich immer unberührbar entzieht. Wir heißen es Gott. Wir meinen das Geheimnis schlechthin, wenn wir Gott sagen. Es waltet namenlos immer und überall durch unser Leben hindurch, ist nicht der Restbestand dessen, was noch nicht aufgeklärt ist, sondern das, was durch keinen Zuwachs an Wissen abnimmt. Wo wir das Denken nicht vergessen über dem Gedachten, die Freude nicht über dem Erfreulichen, die

Verantwortung nicht über dem Verantworteten, die unendliche Zukunft nicht über dem Gegenwärtigen, die maßlose Hoffnung nicht über dem gerade jetzt Erstrebten, da haben wir es schon mit Gott zu tun, wir mögen diesem Namenlosen diesen oder einen anderen Namen oder keinen geben. Der Atheist ist derjenige, der sich hartnäckig weigert, sich diese Vergeßlichkeit nehmen zu lassen, die Kehre auch in Freiheit zu vollziehen von diesem und jenem seines alltäglichen Bewußtseins zu dem Einen, Umfassenden, Tragenden, das seiner Alltagsbeschäftigung in Erkenntnis und Freiheit immer schon zugrunde liegt.

Sich dem Geheimnis anvertrauen

Wenn wir aber dieses denkende, liebende, hoffende Dasein angenommen haben trotz all der voreiligen, ungeduldigen Schmerzen und Proteste auf der Oberfläche unseres Daseins, wenn wir Nüchternheit nicht mit Banalität verwechseln, dann haben wir uns auch schon auf Gott eingelassen, uns ihm übergeben. Viele werden dies tun, selbst wenn sie meinen, Gott nicht zu kennen (man muß ihn ja immer als den Unbegreiflichen kennen, sonst hat man ihn mit etwas anderem verwechselt, was auch *die* nur zu oft tun, die sich Gottgläubige nennen), selbst wenn sie in verstummender Ehrfurcht sich nicht getrauen, ihn zu nennen.

In solcher Annahme des Daseins, das sich dem Geheimnis gehorsam anvertraut, so wie es über uns und nicht wir über es verfügen, ereignet sich, was wir in christlicher Terminologie Gnade nennen: Gott ist das Geheimnis und bleibt es. Aber er ist der Abgrund, in dem das Dasein des Menschen angenommen ist, er ist der Nahe und nicht bloß der Ferne, die Vergebung und nicht bloß das Gericht, er erfüllt schweigend und unumgreifbar die unendliche Frage des Menschen, die Maßlosigkeit der Hoffnung und die unendliche Forderung der Liebe mit sich selbst. Schweigend und in jenem Grund unseres Wesens, der sich uns selbst nur eröffnet, wenn wir uns gehorsam von diesem Geheimnis umfangen lassen, ohne es noch einmal beherrschen zu wollen. Geschieht dies aber, dann ist in uns schon Weihnachten, jene Ankunft Gottes, von der das Christentum bekennt, daß sie aus der freien Gnade Gottes in jedem Menschen mitten

in seinem nüchternen Alltag geschieht, der sich ihr nicht in jener Schuld versagt, die Angst vor Gott und Hochmut der Selbstgenügsamkeit in einem ist.
Weil wir aber Menschen der Geschichte, des Greifbaren, des Hier und Jetzt sind, weil diese Ankunft Gottes als seine Tat an uns auch greifbar und unwiderruflich sein sollte, unwiderruflich und geschichtlich greifbar sowohl als Selbstgabe Gottes wie als die durch den Menschen in einem Menschen endgültig angenommene Ankunft Gottes, darum hat die Menschheit die Erfahrung dieser Ankunft als endgültige unüberbietbare und unwiderrufliche auch in ihrer Geschichte gemacht. In Jesus von Nazareth. In ihm ist die Übergabe an das unendliche Geheimnis da als Tat des Menschen, die selbst noch einmal – wie alles, was Freiheit und Entscheidung heißt – Gnade ist. In Jesus hat sich Gott als das unsagbare Geheimnis (es bleibend), als Wort ganz und unwiderruflich ausgesagt, in ihm ist es da als uns allen zugesagt, als Gott der Nähe, der unsagbaren Intimität und Vergebung. In ihm sind Frage und Antwort, unvermischt und ungetrennt, eins geworden; der eine ist da, in dem Gott und Mensch eins sind, ohne sich gegenseitig

aufzuheben. Seine, vom Geheimnis selbst getragene, Selbstübergabe an das Geheimnis ist nicht nur eine Tat der Theorie und des Gefühls, sondern die Tat des ganzen Lebens in all seinen Dimensionen und hat darum ihren radikalen Höhepunkt in seinem Tod, in den er sich willig fallen läßt als in die letzte Ankunft des Geheimnisses, vor dem der Mensch vertrauend verstummt. Weihnachten aber ist darum bei Jesus wie bei uns der Anfang des Todes. Weil dieser Tod die ganze Länge und Breite unseres Lebens durchwaltet und nicht bloß etwas am Ende ist, das uns noch nichts angeht, weil wir im Alltag immer diesen Tod schon anzunehmen versuchen, wenn wir nüchtern, aber nicht banal leben, darum können wir sehr nüchtern Weihnachten feiern.

Nüchtern und getrost Weihnachten feiern

Wenn die einen den Mut zum ausdrücklichen Glauben an die Wahrheit von Weihnachten haben, wenn die anderen die sind, die schweigend die unübersehbare Tiefe ihres Daseins, die ungenannt von seliger

Hoffnung erfüllt ist, annehmen, dann können alle miteinander Weihnachten feiern. Der scheinbar so oberflächliche und bürgerlich konventionelle Weihnachtsbetrieb erhält dann im Letzten doch eine Wahrheit und Tiefe. Der Schein der Lüge über all dem Betrieb ist dann doch nicht die letzte Wahrheit. Dahinter steht die heilige und stille Wahrheit, daß Gott eben doch gekommen ist und Weihnachten mit uns feiert. So sind wir dann noch einmal ehrlicher, tiefer in der Wahrheit unseres Lebens, wenn wir über die zunächst nur zu berechtigte Skepsis gegenüber dem bürgerlichen Weihnachten noch hinausgelangen, indem wir es, unbefangen und auch unsere eigene Skepsis nicht zu ernst nehmend, feiern als das Zeichen, daß Gottes Zukunft bei uns alle unsere Pläne und alle unsere Enttäuschungen und die Banalität des Lebens, auf die wir uns versteifen wollen, schon längst überholt und dies uns in Jesus in seinem Tod und so in seiner Geburt endgültig bezeugt hat. Geht es dann nach Weihnachten weiter wie vorher, so bleibt eben doch wahr, daß Gott uns angenommen hat. Mitten im ehrlich nüchtern erlebten Alltag brechen überall die Abgründe unseres Daseins auf, die gerade der Nüchterne nicht mit Alltagsgeschwätz und Alltagsbetrieb zudecken darf. Diese Abgründe aber sind erfüllt von der Gnade des unbegreiflichen Geheimnisses, das wir Gott nennen. Man kann nüchtern und doch getrost Weihnachten feiern.

Geburt in der Nacht

Warum nennen wir, so dürfen wir noch weiter fragen, das Fest, das wir heute begehen, Weih*nacht*? Wir wissen ja, historisch gesehen, nicht sicher, ob Jesus in der Nacht geboren wurde. Der Bericht von den Hirten, die bei ihren Herden Nachtwache hielten und dabei die himmlische Botschaft von der Geburt des Heilandes erfuhren, ist ja an sich noch kein eindeutiger Beweis, daß Jesus selbst in der Nacht geboren wurde. Und doch hat die Christenheit sich immer diese selige und rettende Geburt in der Nacht geschehend vorgestellt. Und die deutsche Sprache hat diese Überzeugung sogar in den Namen dieses Festes eingetragen. Warum wohl?

Die Nacht hat für den Menschen ein doppeltes Antlitz. Sie ist, wie fast alle von den Mächten des menschlichen Daseins, doppelsinnig und darum zweideutig. Die Nacht kann das Unheimliche, das Finstere sein, die Zeit, da niemand wirken kann, wie Jesus in der Schrift sagt; sie wird als verwandt mit dem Tod empfunden; sie ist die Zeit des Wesenlosen, des Unsicheren und Gefahrvollen, des Unübersichtlichen. Und darum kann auch im Feld des Religiösen die Nacht diese Symbolbedeutung haben: als „Nacht" gilt in der Schrift die Zeit des Unglaubens und der Sünde, die Zeit des Gerichtes und der göttlichen Heimsuchung. Darum müssen die Christen Kinder des Tages sein, müssen wie die Sterne in der Nacht leuchten, damit sie nicht vom Richter überrascht werden, der kommt wie ein Dieb in der Nacht. Darum müssen wir wachen, dürfen wir nicht schlafen, müssen wir vom Schlaf aufstehen und wie am Tage wandeln.

Aber für das menschliche Empfinden, auch wie es sich in der Schrift ausspricht, hat die Nacht auch noch ein anderes Gesicht. Sie ist die Zeit der Stille und der gesammelten Kraft, die an sich hält, die warten kann und reifen läßt. Mitten in der Nacht ertönt der Ruf, daß der Bräutigam kommt. Die Nacht ist in der

Schrift die Zeit himmlischer Träume. Weil die Nacht die Zeit der Gelöstheit von den versklavenden Eindrücken und Bindungen des äußerlichen Alltags ist, darum ist sie eine Zeit des Gebetes. Jesus hat ganze Nächte in der Zwiesprache mit Gott verbracht. Auch die Nacht kann zärtlich als Geschöpf Gottes empfunden werden, so daß der Psalmist (Ps 74,16) beten kann: Dein ist der Tag und dein ist die Nacht. Und Daniel fordert (3,71) die Nacht auf, Gott zu preisen, wie ja nach dem Psalmisten jede Nacht die Botschaft von der Herrlichkeit Gottes an die nächste weitergibt, da ja der Himmel schon im Psalm (19, 3) durch die stille Größe und seine unermeßliche Weite dem frommen Gemüte von Gottes Größe spricht.
Warum können wir so die Nacht zwiespältig empfinden? Wir erleben sie als Anfang, als das noch Unbestimmte, auf das das eigentlich Gemeinte und Gültige erst noch kommen soll: das Licht und der Tag. Der Anfang, die Möglichkeit aber ist das Zweideutige: das gute Versprechen, das noch nicht eingelöst ist, die weite, freie Möglichkeit, die aber ihre Wirklichkeit noch nicht gefunden hat, der Plan, der herrlich ist, aber noch nicht ausgeführt. Und solches

ist notwendig zweideutig; verheißend und bedroht und bedrohlich zumal, das Vorläufige, das noch zu allen Fernen aufbrechen kann, dem aber noch nicht sicher ist, daß es ankommen wird.
Wenn es nun einen Augenblick der Geschichte gibt, der Geschichte des Einzelnen und der Menschheit, der wie ein Uranfang ist, voll der unübersehbaren Möglichkeiten und Verheißungen, einen Anfang, der alles in seinem geheimnisvollen Schoß birgt, und wenn dieser Anfang unsagbaren, unendlichen Beginnens sogar schon seine Verwirklichung sicher in sich trägt, schon seines Sieges gewiß, schon ebenso Erfüllung wie Verheißung ist, dann müßte man diesen Augenblick die *heilige* Nacht nennen. Nacht, weil Anfang, heilige Nacht, weil seliger und unbesiegbarer Anfang. Man müßte zu solchem Beginn heilige Nacht, geweihte Nacht, Weihnacht sagen. Und darum sagen wir zu dem Fest, das wir heute begehen, Weihnacht. Heilige Nacht. Und wir singen: Stille Nacht, heilige Nacht. Überall auf der Welt wird ja diesem Fest also zugesungen. Und man hat nicht von ungefähr dieses Fest während des 4. Jahrhunderts in die Zeit gelegt, wo auch für die Natur die Sonne ihren

Lauf wie von neuem beginnt. Man hat damals den Anfang der „Sonne der Gerechtigkeit", wie der Prophet den Heiland nennt, auf den Tag des heidnischen „natalis solis invicti", auf den Festtag der Geburt des „unbesieglichen Sonnengottes" festgesetzt.
Mit heiligem Recht. Denn diese Stunde *ist* die heilige Weihnacht. Denn der Glaube der Christen sagt: Da hat es begonnen. Da ist Gott selbst leise aus dem schrecklichen Glanz, in dem er als der Gott und der Herr wohnt, herausgetreten und zu uns gekommen. Still ist er in die Hütte unseres irdischen Daseins eingetreten, erfunden wie ein Mensch. Er hat angefangen, wo wir anfangen, ganz arm, ganz gefährdet, ganz kindlich und sanft, ganz wehrlos. Er, der die unendliche, ferne Zukunft ist, die wir von uns aus nie einholen, weil sie in weitere Fernen zurückzuweichen scheint, wenn wir ihr entgegeneilen auf den harten Straßen unseres Lebens, er ist selbst uns entgegengekommen, bei uns angekommen, da wir sonst nicht zu ihm fänden, er ist mit uns unseren Weg zu sich gegangen, damit er ein seliges Ende finde, weil dieses Ende in Jesus auch selbst unser Anfang wurde. Gott ist nahe. Sein ewiges Wort des Erbarmens ist da, wo

wir sind; es pilgert unsere Wege, es kostet unsere Freude und unser Elend, es lebt unser Leben und stirbt unsern Tod. Es hat lind und leise sein ewiges Leben in diese Welt und in ihren Tod eingesenkt. Es hat uns erlöst, da es unser Los teilte. Es hat unsern Anfang zu seinem gemacht, unsern Schicksalsweg betreten und ihn so offen gemacht in die unendlichen Weiten Gottes. Und da es uns unaufhebbar annahm, da das Wort Gottes nie mehr aufhört, Mensch zu sein, darum ist dieser Anfang, der unser und seiner ist, ein Anfang unzerstörbarer Verheißungen, ist dieser nächtlich stille Anfang eine heilige Weihenacht.

Weihnachten feiern?

Aber von daher zeigt sich auch, wie wir Weihnachten feiern müssen. Als Mysterium der heiligen Nacht. Still muß es sein, gesammelt und sanft in unserem Herzen, vorbehaltlos offen wie das Herz eines Kindes, das sich noch keiner der Möglichkeiten seines Daseins versperrt, sondern für alle arglos bereit ist. Das Hintergründige, das Weite und Unverfügbare unseres Seins muß still walten über uns, so wie die Nacht, indem sie das Handhabbare und Gemessene versinken läßt, die weite Ferne näherrückt, ohne sie einzuengen. Wir müssen es wagen, diese nächtliche Stille hereinzulassen in den inwendigen Menschen, indem wir die Flucht in den Betrieb, das Geschwätz und Getue aufgeben, in der wir uns und dem Geheimnis über uns davonzulaufen versuchen, weil uns, die Ungewohnten, auch das große Geheimnis der unendlichen Liebe erschreckt.

Wir sollten die geweihte Nacht, darin auch unser Leben konsekriert wurde, nicht durch allzu billigen Festtagsbetrieb entweihen. Das Familiäre, das Kindliche dieses Festes, das solchem Tag durchaus geziemt, sollte doch durchsichtig bleiben auf jenes unsagbare Geheimnis hin, das die Menschen erst untereinander tief vertraut macht und ihnen die Verheißung ewiger Jugend schenkt. Nur wer in der Stille des milden Ansichhaltens, der lassenden Ergebenheit, in der schweigenden Weihnacht des eigenen Herzens die Vielfalt der Dinge, der Menschen und der Bestrebungen zurücktreten läßt, die ihm sonst den Blick in die Unendlichkeit verstellen; nur wer die irdischen Lichter einmal wenigstens für eine kleine Weile auslöscht, die ihn sonst die Sterne des Himmels nicht sehen lassen, nur wer in solcher schweigender Nacht des Herzens sich anrufen läßt von der unsagbaren, wortlosen Nähe Gottes, die durch ihr eigenes Schweigen spricht, so wir Ohren dafür haben, nur der feiert Weihnachten, wie es begangen werden soll, wenn es nicht zu einem bloß weltlichen Feiertag entarten soll. Es müßte uns zumute sein, wie wenn wir in einer klaren Winternacht unter den Sternenhimmel treten: ferne grüßt noch das Licht der menschlichen Nähe und heimatlichen Geborgenheit; aber über uns steht der Himmel, und wir empfinden die schweigende Nacht, die uns sonst unheimlich und erschreckend vorkommen mag, als die stille Nähe des unendlichen Geheimnisses unseres Daseins, das bergende Liebe und weite Größe zugleich ist.

Gott ist uns nahe

Es wird bald heilige Weihnacht! Die ewige Zukunft ist in unsere Zeit gekommen. Ihr Glanz blendet noch, so daß wir meinen, es sei Nacht. Aber auf jeden Fall ist es eine selige Nacht, eine Nacht, die schon durchwärmt ist und durchlichtet, die schön ist, heimlich und bergend durch den ewigen Tag, den sie in ihrem dunklen Schoß trägt. Es ist stille, heilige Nacht. Für uns aber nur, wenn wir die heilige Stille dieser Nacht in unseren inneren Menschen hineinlassen, wenn auch unser Herz „einsam wacht“. Es kann es eigentlich leicht. Denn solche Einsamkeit und Stille ist leicht. Sie hat nur jene Schwere, die allen hohen Dingen eigen ist, die einfach sind und groß. Wir *sind* ja einsam. Denn es gibt ein inwendiges Land in unserem Herzen, wo wir allein sind, wo niemand hinfindet als Gott. Diese innerste unbezügliche Kammer in unserem Herzen ist da. Die Frage ist nur, ob wir sie nicht selber in töricht schuldiger Furcht meiden, weil niemand und nichts von den irdisch Vertrauten sie betreten und mitgehen kann, wenn wir dort eintreten. Treten wir da leise ein! Schließen wir die Tür hinter uns! Lauschen wir der unsagbaren Melodie, die im Schweigen dieser Nacht ertönt. Die stille und einsame Seele singt hier dem Gott des Herzens ihr leisestes und innigstes Lied. Und sie kann vertrauen, daß er es hört. Denn dieses Lied muß den geliebten

Gott nicht mehr jenseits der Sterne in jenem unzugänglichen Licht suchen, das er bewohnt und dessentwegen ihn keiner sieht.
Weil Weihnachten ist, weil das Wort Fleisch wurde, darum ist Gott nahe, und das leiseste Wort in der stillsten Kammer des Herzens, das Wort der Liebe findet sein Ohr und sein Herz. Und der bei sich selbst, auch wenn es Nacht ist, Eingekehrte vernimmt zu dieser nächtlichen Stille in der Tiefe des Herzens Gottes leises Wort der Liebe. Man muß ruhig sein, die Nacht nicht fürchten, schweigen. Sonst hört man nichts. Denn das Letzte wird nur im Schweigen der Nacht gesagt, seitdem durch des Wortes gnadenvolle Ankunft in unserer Nacht des Lebens Weihnacht, heilige Nacht, stille Nacht geworden ist.

Karl Rahner, *Gott ist Mensch geworden.*
In: Sämtliche Werke, Band 23

Gestaltung: Finken & Bumiller Stuttgart
Umschlagabbildung: © photocase.com, jarts
Druck und Bindung: Made in Europe

ISBN 978-3-460-**23401**-7 VERLAG KATHOLISCHES BIBELWERK Stuttgart
www.bibelwerk.de / impuls@bibelwerk.de

ISBN 978-3-86534-146-4 ars liturgica BUCH- & KUNSTVERLAG Maria Laach
www.ars-liturgica.de / versand@ars-liturgica.de